Sylvester Jama

ERDUNG

Innere Stabilität und tiefe Freude
statt Angst und Selbstzweifel

Ein Handbuch zum geerdet sein

Erdung
Innere Stabilität und tiefe Freude
statt Angst und Selbstzweifel
© 2009 Sylvester Jama
1. Auflage
Website: www.meditation-leben.de
Herstellung und Verlag: Books on Demand GmbH, Norderstedt
Coverbild: © David Niblack
ISBN 978-3-8370-9598-2

Inhaltsverzeichnis

Einblick

Im physikalischen Sinne ist Erdung eine leitfähige elektrische Verbindung mit dem Erdboden. In diesem Buch stellt Erdung die menschliche Verbindung mit der Erde dar. Wenn wir als Mensch geerdet sind, dann befinden wir uns in einem förderlichen Energieaustausch mit der physischen Umwelt. Im besten Falle entsteht ein Energiekreislauf, in dem wir sowohl Energie aus der Erde schöpfen, als auch wieder nach Außen entlassen.

Auf dem Buchmarkt sind kaum Bücher über Erdung zu finden, obwohl dieser Aspekt eine elementare Grundlage unseres Lebens ist. Erdung ist schlicht gesehen das „in sich zu Hause" fühlen, verknüpft mit einer unerschütterlichen Stabilität und inneren Lebensfreude.

Wenn du geerdet bist, dann fällt dir alles im Leben leichter. Du kannst besser mit dem Erwartungsdruck der Außenwelt zurechtkommen, Stress minimieren und wirst niemals das Gefühl haben, den Boden unter den Füßen zu verlieren. Du wirst darüber hinaus ein Grundvertrauen zu dir selbst und zu deinen Mitmenschen haben. Eine optimale irdische Verwurzelung wird dir erlauben, mutig und frei durch das Leben zu schreiten und dabei stets bodenständig und maßvoll zu bleiben. Du wirst nicht mehr so viel Energie verschwenden, da du im Energiehaushalt der Erde eingebettet bist.

In deinem Leben wirst du an beiden Händen und Füßen geführt und besitzt mehr Freiraum dich innerlich zu entfalten und zu entwickeln. Dieses Buch bietet dir einen kompakten Überblick über das Thema Erdung. Es führt dich auf praktische und nicht allzu abstrakte Weise durch die Ursachen und die Symptome der Unerdung. Natürlich bleibt es nicht dabei stehen. Du erfährst zusätzlich, welche Vorteile und Qualitäten ein tief geerdetes Leben mit sich bringt. Darüber hinaus vermittelt dir das Buch simple Methoden und Techniken, mit denen du dich verwurzeln kannst. Du wirst sehen, wie du den Aspekt der Erdung als festen Bestandteil in deinem Alltag integrieren kannst.

Du musst bedenken, dass die Erdung dein Leben vereinfachen kann, jedoch kein universelles Heilmittel gegen irgendwelche Formen von Krankheiten oder Leiden ist. Erdung ist eine Grundhaltung in deinem Leben. Erdung ist natürlich. Erdung ist für jeden Menschen selbstverständlich. Ich hoffe sehr, dass du in diesem Büchlein eine Möglichkeit finden kannst, dich mit der physischen Welt zu verwurzeln und zudem die elementare Wichtigkeit eines geerdeten Lebens für dich erkennst.

Was ist Erdung?

Atme noch während du diese Zeilen liest in dein Becken hinein! Versuche dein Steißbein zu spüren und belebe den Bereich rund um deinen After. Wende dich einen Moment lang von deinen unzähligen Gedanken ab und du wirst irgendwann merken, dass ein Austausch zwischen deinem Beckenbereich und der Erde beginnt. Zentriere deine Aufmerksamkeit immer wieder auf diesen Bereich und du wirst dich innerlich fest und unerschütterlich wie ein Berg fühlen!

Wenn wir von Erdung sprechen, meinen wir damit die innerliche Verwurzelung mit der materiellen Umwelt. Diese Verbindung zwischen dir und der Erde geht durch Mark und Bein und schützt dich davor den Boden unter den Füßen zu verlieren oder wie ein Heliumluftballon ziellos durch die Welt zu gleiten.

Das Geerdetsein gibt dir Halt und innere Stabilität. Wenn du fest mit der Erde verwurzelt bist, dann wirst du von einem tiefen Urvertrauen in den Lauf der Dinge bestückt. Du bist bodenständig, hast ein rechtes Maß und fühlst dich stets sicher und wohl behütet, ganz egal in welcher kritischen Situation du dich auch befinden magst.

Wenn du einer geerdeten Person begegnest, fühlst du das auf der Stelle: Ein Empfinden der Wärme und Geborgenheit wird deinen ganze Person einhüllen.

Dem Aspekt der Erdung wird kaum Beachtung geschenkt. In diversen Meditationsbüchern finden wir nur vereinzelt Hinweise darauf, was Erdung bedeutet und wie wir sie praktizieren.
Tatsächlich ist Erdung jedoch elementar für ein ausgeglichenes und erfülltes Leben. Die gesunde Verwurzelung mit der Erde begünstigt ein Leben fernab von ständigen Grübeleien und wirren Gedanken. Du lernst dich selbst zu akzeptieren und beginnst dein schlichtes Sosein zu lieben.

Dieses kompakte Büchlein beschäftigt sich ausschließlich mit Erdung. Dabei ist das Geerdetsein kein abgehobener Hokuspokus, sondern das Selbstverständlichste, was dir innewohnt.

Denke einmal zurück: Erinnerst du dich an Augenblicke, wo du ruhend im Park, auf einer Wiese oder im Bett lagst und eine tiefe Verbundenheit zu deiner Umwelt gespürt hast? Erinnerst du dich an Momente, in denen dir alles ganz und gar vollkommen erschien und du dich dem gegenwärtigen Sosein einfach hingeben konntest?

Geerdete Momente waren immer höchst spirituelle Momente. Wir waren in der Lage, die Welt um uns herum völlig zu akzeptieren und anzunehmen. Wir waren ein unzertrennlicher Teil dieser Welt.

Weißt du, als du einst zu Hause in deinem Bett lagst und dir alles sehr weit und endlos schön vorgekommen ist und du dich absolut geborgen gefühlt hast? Du hattest eine endlose, fast anmutige Weite in deinem Bewusstsein. Die Möglichkeiten, die das Leben bietet, erschienen dir unendlich und du hast einen innerlichen Dank für die Welt und deine Existenz empfunden.

Solche und andere einmalig-entzückenden Momente haben alle ihre Wurzeln in der Erdung. Du warst in diesen Momenten immer geerdet, denn du warst frei von Angst und konntest dich dem Strom des Lebens ohne Widerstände hingeben.

Wir befinden uns in einer Kopfgesellschaft, in der die Erdung stark vernachlässigt wird. Die Ignoranz liegt nicht nur in der Tatsache, dass subtile Energien in einem wissenschaftlichen Leitbild nichts zu suchen haben, sondern auch an der Gewohnheit, all unsere Probleme mit dem Kopf zu lösen.

Die starke Fixierung des Philosophen Rene Descartes auf das Denken hat bei uns tiefe Spuren hinterlassen. „Ich denke, also bin ich" ist bei uns zum Alltag geworden. Wir denken, statt zu fühlen: Wenn wir Angst haben oder uns bedroht fühlen, dann versuchen wir gar nicht erst den Moment zu akzeptieren, die Körperreaktionen zu fühlen und sich mit der Erde zu verbinden. Vielmehr steigen wir rapide in unsere Gedankenwelt ein und durchforsten mit ständigen Grübeleien mögliche Lösungen für unseren unangenehmen Zustand.

Wenn du das nächste Mal Angst bekommst, lasse deine Angst zu. Vertraue dem Fluss der Erde und beobachte einfach nur deine Körperreaktion. Höre auf deine emotionalen Regungen zu bewerten! Akzeptiere den Zustand, statt sofort in den Kopf zu driften und deine Angst mit Denken zu kompensieren. Wenn du deinen Zustand akzeptierst, dann wird er sich wieder auflösen. Wenn du dagegen alles in deine Gedankenwelt holst, dann wirst du dich mit deiner Angst auf unangenehme Art und Weise identifizieren.

Zerrissenheit, Depressionen und Angstzustände lassen sich kaum mit den Gedanken lösen, vielmehr trennt uns das ständige Denken und Problemlösen zusätzlich vom natürlichen Empfinden und dem Fluss des Lebens.

Viel förderlicher wäre es einfach dem Lauf der Dinge zu vertrauen, sich gezielt mit der ganzen Erde zu verbinden und unerschütterlich im Sturm des Lebens seine Position zu finden.

Wenn du emotional bist, dann laufe nicht davor weg, in dem du dich in deinen Verstand flüchtest, sondern akzeptiere deinen Zustand einfach!

Im Laufe unseres Lebens und der Entwicklung haben wir es kaum gelernt, die Aufmerksamkeit auf die unteren Körperbereiche zu richten. Allen voran den Beckenbereich empfinden viele Menschen als unflexibel und gefühlsarm. Stattdessen leiden wir oft unter Kopfschmerzen und Stress, da wir unsere ganze Konzentration „nach oben" in den Kopf lenken. Wir wurden quasi im Kopf erzogen, sozialisiert und versuchen dabei uns ständig gedanklich selbst zu kontrollieren. Die Akzeptanz unserer Lebensumstände, die uns im Laufe des Lebens widerfahren, fällt uns fürchterlich schwer und wir versuchen bevorzugt Kontrolle über uns selbst und unsere Umwelt im Verstand zu erhalten.

Reine Gedankenenergie kann uns aber keinen inneren Halt und keine Stabilität bescheren. Vielmehr führt die Kopflastigkeit zu einer Entfremdung vom sinnlichen Empfinden und der Erde. Wenn das Denken und Grübeln überhand nimmt, werden wir gänzlich aus dem Erdboden gerissen und fühlen uns mitunter verwirrt und abgehoben.

Geerdet zu sein ist dabei kein Zustand, der wie finanzieller Reichtum erreicht werden kann. Nur wenige Menschen auf der Welt sind die meiste Zeit ihres Lebens fest auf dem Boden verankert. Jeder Mensch hat dabei Phasen, wo er den Boden unter den Füßen verliert und von existenzieller Unsicherheit geplagt wird. Erdung ist daher eine Lebensaufgabe. Du musst dich ständig erden und dich neu mit der Erde verwurzeln, denn du wirst ständig in Situationen kommen, die dich regelrecht in den Kopf ziehen und in Unsicherheiten manövrieren.

Wie oben bereits erwähnt, ist dein Becken das zentrale Verbindungsorgan zur Erde. Grundlegend solltest du daher versuchen, viel mehr aus dem Becken heraus zu leben und zu agieren. Das Steißbein als zentraler Erdungspunkt sollte im ständigen Austausch mit der Erde stehen. Wenn du deine Blockaden in dieser Region durch ständiges Hineinatmen aufgelöst hast, wirst du auf natürliche Art und Weise von der Energie der Erde schöpfen und überschüssige Energie wieder abgeben können.

Wenn du an deinem Schreibtisch sitzt und arbeitest, besinne dich einen Moment lang auf dein Becken. Wenn du meditierst, richte deine Achtsamkeit und deinen Atem auf dein Steißbein!

Zu Beginn wird sich das Becken vermutlich noch leblos anfühlen, du wirst Schwierigkeiten haben einen energetischen Kontakt zu deinem Steißbein aufzunehmen. Deshalb kann es durchaus eine Zeit dauern, bist du ein Kribbeln an deinem Steißbein fühlst und das Gefühl hast, dich mit der Erde zu verwurzeln.

Auf jeden Fall wird dir die Achtsamkeit und das sanfte Hineinatmen ins Becken dabei behilflich sein. Du wirst danach erfrischt sein und wieder das Gefühl besitzen, mit deinem Körper und der Umwelt in Kontakt zu sein.

Wann immer du zu stark in deine Gedanken abschweifst, besinne dich mit dem Atem wieder auf die unteren Bereiche deines Körpers. Du wirst merken, dass dein Becken wie eine Wurzel ist, die dich wie ein Baum mit dem Erdboden verbindet.

Auch in der indischen Chakralehre steht das 1. Chakra, das sogenannte Wurzelchakra für die existenzielle Sicherheit und Stabilität. Dieses Energiezentrum hat seinen Sitz rund um das Becken. Ein frei fließendes und geöffnetes Wurzelchakra verleiht dir Sicherheit, Lebenskraft und schützt dich vor Stress auslösender Überflutung. Mit einem gestörten Wurzelcharka hast du dagegen wenig Vertrauen in den Lauf der Dinge, du besitzt wenig Lebensfreude und wirst geplagt von Selbstzweifeln und Ängsten.

Im Folgenden werden noch zahlreiche andere Auswirkungen des Geerdetsein in detaillierter Art und Weise angeführt und zudem Methoden und Techniken zur Erdung beschrieben.

Ursachen von Unerdung

Meine Geschichte

In meinen Jugendjahren litt ich selbst an starker Unerdung. Ich floh dabei ständig in meine Gedanken, war deprimiert und in mir und meinem Handeln sehr schwammig. Nervosität und ständige Sorgen bestimmten mein Leben und ich konnte nur wenig Dinge mit einem puren Selbstverständnis tun. Zudem war ich von einer Schüchternheit durchtränkt, die mich ständig an meiner Person zweifeln ließ. So stellte ich mir immer wieder Fragen über die Richtigkeit meines Handelns und haderte mit meinen Fähigkeiten. Eine latente Mutlosigkeit durchsetzte mein ganzes Sein und ich floh lieber in fantastische Welten, statt mich mutig mit der Realität zu konfrontieren. Meine emotionale Zerbrechlichkeit und die nagenden Selbstzweifel waren auf eine mangelnde Unerdung zurückzuführen. Schwierige, bis dato dramatische Familienverhältnisse und eine Atmosphäre der Furcht im Elternhaus ließen mich in den frühen Kinderjahren von der Aura der inneren Stabilität und Sicherheit entwurzeln. Ich arbeitete an meinem Schicksal und begann mich zu erden. Da die Energien sehr stark in meinem Kopfbereich zentriert waren, kamen allerlei körperliche Widerstände, als ich versucht habe, mehr durch mein Becken und durch meinen ganzen Körper zu leben. Letztendlich lernte ich mich aber zu erden und bekam langsam ein Selbstverständnis meiner Person gegenüber. Heute fühle ich mich verwurzelt und geerdet, die meisten Dinge kann ich akzeptieren ohne mich davon in Panik und Bredouille bringen zu lassen. Ich schaffe es mein Leben zu genießen, ohne ständig über die Vergangenheit und die Zukunft zu grübeln. Ich muss nicht mehr ständig über mich selbst reflektieren und ich hege keine Zweifel mehr an meinem Tun und Handeln. Ich handele aus einer Verwurzelung heraus, die von meinen Becken über die Beine bis zu der Erde fließt. Das Leben im Moment zu akzeptieren fällt leicht und ich erlebe dadurch viel mehr einzigartige Momente, statt sich dauernd in Traumwelten zu fliehen oder mich in ungesunden Emotionen zu suhlen.

Typologie

Es gibt von Natur aus verschiedene Typen von Menschen. Wir schaffen nun einen künstlichen, stereotypischen Dualismus um das ganze besser zu verdeutlichen. Einen Teil der Menschen können wir getrost als bodenständige, autonome und vertrauensselige Personen charakterisieren. Diese Art von Menschen sind in ihrer Persönlichkeitsstruktur stabil und scheinen dem Leben mit all seinen Facetten gewappnet zu sein. Zwar haben auch sie viele Veränderungen im Leben erlebt, diese jedoch stets in ihre Persönlichkeit integriert und akzeptiert. Sie gehen in ihrem Leben stets einen Schritt weiter, haben keine Angst vor Neuerungen oder das Gefühl den Boden unter den Füßen zu verlieren. Sie streben nach Selbstverwirklichung und scheinen diese auch voller Herzblut zu erreichen. In der Gegenwart dieser Menschen fühlen wir uns stets sicher und wie „zu Hause". Ihre innere Verwurzelung strahlt in die Welt hinaus, in dem sie eine Aura der Wärme und der Geborgenheit kreieren.

Der andere Typus Mensch scheint dabei das genaue Gegenteil zu verkörpern. Schon immer psychisch labil und von Ängsten geplagt, scheint jede Veränderung, jeder Umzug und jede Umstellung ein unüberwindbares Hindernis zu sein. Diese Personen wirken oft blass in ihrer Ausstrahlung und wirken zumeist verunsichert. Sie haben den Kontakt zu der materiellen Welt verloren und wirken oft ein wenig verloren oder gar abgehoben. Die Probleme werden nicht durch mutige Konfrontationen gelöst, sondern durch ständiges hin und her grübeln auf der Suche nach der perfekten Lösung. Allerlei Methoden und Techniken werden angewandt um sich vom ängstlichen „Feldhasen" Dasein zu befreien, aber kaum eine Methode scheint wirklich auf die elementaren Probleme der Unerdung zu greifen. Gebeutelt von chronischer Frustration über sich selbst, bleiben diese Menschen immer nur ein abgetrennter Schatten ihres ganzen Potenzials. Sie fühlen sich oft innerlich kalt und wirken in ihrer Erscheinung wie ein Häufchen Elend.

Wie ist dieser eklatante Unterschied zu erklären? Warum gibt es scheinbar gegensätzliche Typen auf der Welt?

Im Wesentlichen sind die autonomen und selbstbestimmten Menschen gut mit der Erde verwurzelt, sie sind geerdet und können deshalb alle möglichen Lebensumstände mit Leichtigkeit akzeptieren. Sie haben ein Grundvertrauen zu der Welt und zu den eigenen Fähigkeiten. Diese Selbstsicherheit erleichtert es ihnen in den Fluss des Lebens ohne große Widerstände einzutauchen. Geerdete Menschen sind wie tief verwurzelte Bäume, die dem Sturm und Regen trotzen und sich stets mit neuen Blüten und Blättern erneuern.

Der ängstliche Typus dagegen hat den Kontakt zu der Erde verloren. Er besitzt kein Grundvertrauen und kann sich deshalb nicht dem Fluss des Lebens hingeben. Dieser Mensch ist mutlos und verbringt sein Leben oft in einer grübelnden Kopfwelt. Herausgerissen aus der Wiege von Mutter Natur und nackt in die Welt gesetzt, fällt es diesen Menschen schwer, sich selbst zu verwirklichen und den Anforderungen des Lebens gerecht zu werden.

Wir skizzieren hier als Fallbeispiel für den "entwurzelten" Typen das Leben von Christina, einer 21-Jährigen Studentin:

Christina erhielt nach langem Bangen einen Platz für ihr Traumstudium. Um dieses Studium aufnehmen zu können, war sie allerdings gezwungen ihren Wohnort bei den Eltern aufzugeben und in eine fernere Stadt zu ziehen. Obwohl sie dieses Studium schon immer aufnehmen wollte, haderte sie mit Ihrer Entscheidung und war sich stets nicht sicher, nun das Richtige zu tun. Sie wollte einerseits die kleinbürgerliche Enge ihrer Kleinstadt verlassen, hatte aber doch Angst in ihrem neuen Lebensumfeld nicht zurechtzukommen. Obwohl sie mit ihren Eltern immer wieder Konflikte hatte, traute sie sich nur schwerlich ein Leben ohne die Fürsorge der Eltern zu. Nach langem Hin und Her entschied sie sich schließlich diesen Schritt zu wagen und ihre Heimat zugunsten des Studiums zu verlassen.

Kaum in der neuen Wohnung und in der neuen Stadt angekommen wurde sie von Panikattacken und Sorgen gebeutelt. Sie empfand die neue, große Stadt als unmögliche Bürde. Die plötzliche Veränderung machte ihr zu schaffen und sie hatte nicht das Gefühl, noch Herrin über die Lage zu sein. Christina klammerte sich in ihrer Hilflosigkeit sehr an den guten Rat von Engeln, für die eine esoterische Leidenschaft bei ihr entbrannte. Dagegen wäre nichts einzuwenden, doch Christina sah in ihrem Hobby einen existenziellen Rettungsanker. Der Glaube an die heilige Kraft der Engel machte ihr ein wenig Mut, doch die exzessive Beschäftigung mit den himmlischen Gestalten machte ihr die Ausführung vieler irdischer Angelegenheiten unmöglich. Sie hockte nur mehr Daheim, litt an Essstörungen und verlor das natürliche Bedürfnis an irdischen Dingen. Dabei wurde sie immer dünner und schwächer, während sie sehr stark das Gefühl hatte, den Ansprüchen der Welt nicht gerecht werden zu können. Als die Panikattacken nur spärlich abklingen wollten und sie nicht mehr im Stande war, ihre einfachen existenziellen Bedürfnisse zu decken, zog sie schließlich zurück zu ihren Eltern. In der Nachreflexion manifestierte sich bei ihr die Überzeugung, verloren in der Welt zu sein und betrachtete sich als Versagerin, der es an grundlegenden Qualitäten fehlt.

Was ist mit Christina los?
Christina leidet an sehr starker Entwurzelung zu der materiellen Welt. Sie hat deshalb große

Schwierigkeiten einfache irdische Dinge wie Ernährung auf angemessene Weise zu vollziehen. Sie vertraut dem Lauf der Dinge nicht und dreht sich ängstlich in einer schwammigen Gedankenwelt, in der Hoffnung dort eine Lösung für ihre Probleme zu finden. Veränderte Lebensumstände machen ihr sehr zu schaffen und sie ist geplagt von ständigen Versagensängsten.

Warum ist Christina so entwurzelt von der Welt? Unerdung hat vielfältige Ursachen. Bevor wir also zu den detaillierten Symptomen von Unerdung kommen, beschäftigen wir uns nun mit den Ursachen. Warum gibt es Menschen, die scheinbar spielend leicht mit den Ansprüchen der Welt zurechtkommen und voller Stärke durch den Lauf der Dinge schreiten, während andere wiederum Angst vor der kleinsten Veränderung haben?

Die Ursachen für Unerdung sind oft schon in der frühen Kindheit zu finden.

1. Verkopftheit

Wir leben in einer Gesellschaft, die sehr stark vergeistigt ist. Während unserer Erziehung wird uns aufgetragen, Probleme gänzlich mit unserer Logik und unserem Denken zu lösen. Für ein ganzheitliches und sinnliches Empfinden unserer Person ist oft sehr wenig Platz. Wir lernen es nicht, existenziell zu bestehen und unsere Bedürfnisse zu decken, sondern leben in einer wohlbehüteten Geisteswelt. Geerdete Selbstverantwortung und Selbstständigkeit werden in der Praxis kaum gelehrt. Zwar bekommen Kinder und Jugendliche viel theoretisches Wissen über die Welt und über ein autonomes Leben, die praktische Erprobung existenzieller Fähigkeiten fehlt jedoch zumeist völlig. In der Schule lernen wir zu denken, nicht aber uns zu erden. Wir lernen mathematische Aufgaben zu lösen, jedoch nicht uns zu verwurzeln. Wir bekommen eine Menge theoretisches Wissen, ohne praktisch jemals Hand anzulegen.

Fühle mehr und denke weniger! Versuche deine Bedürfnisse, deine Schmerzen und deine emotionalen Regungen in allen Zügen zu empfinden, statt darüber nachzudenken. Werde dir auch deiner körperlichen Ebene bewusst, sei achtsam mit deinem Körper und versuche dich und die Welt zu fühlen!

In einer rationalen Welt lebt die Empfindung im Schatten des Denkens. Wir lernen logisch zu handeln, zu begreifen und Probleme zu lösen. Allerdings werden wir von unseren Füßen entwurzelt und innerhalb unserer Entwicklung immer weiter nach oben in den Kopf gezogen. Die Folge einer starken Kopflastigkeit ist eine extreme Entwurzelung von der Erde. Es ist ein Verlust an elementarer Sicherheit und Verankerung. Wir fühlen uns dann der Welt nicht gewappnet und die Anforderungen versetzen uns immer wieder in Angst und Schrecken.

2. Traumata und Neurosen

Starke Traumata in der Kindheit führen oft zu einer Entwurzelung von der Erde. In jeglicher Hinsicht sind Traumata dabei plötzliche Schockerlebnisse, die uns mit voller Wucht den Boden unter den Füßen genommen haben. Die natürliche Entwicklung des Kindes braucht in frühen Jahren noch einen vorgegebenen Rahmen. Das Kind kann noch nicht den natürlichen Fluss des Lebens akzeptieren und ist deshalb auf die Hilfe der Außenwelt angewiesen. Erdung ist innere Sicherheit. Ein Verlust dieser inneren Sicherheit lässt das Kind von der Umwelt entwurzeln. Die daraus resultierende Unerdung kann noch weit in das Erwachsenenalter nachreichen. Ein Beispiel für eine spontane Entwurzelung aus der inneren Sicherheit ist sexueller Missbrauch: Beim Missbrauch werden unsere natürlichen und schützenden Grenzen überschritten, in denen wir uns geborgen fühlen. Ein Missbrauchserlebnis ist eine grundlegende Grenzüberschreitung, die das Kind in seinem Sosein entmachtet. Dieser Einbruch in das noch nicht völlig entwickelte Grundvertrauen wird sich auch im späteren Leben durch Misstrauen manifestieren. Sofern man sich nicht erneut verwurzelt hat, werden wir weiter von Misstrauen gebeutelt und können nur schwerlich den Lauf der Dinge akzeptieren. Wir werden ständig auf der Pirsch sein, unsere Grenzen zwischen uns und der Außenwelt zu legen, um uns in Sicherheit zu wiegen. Die ständige Angst vor Entmachtung wird sich negativ auf unsere Freiheit und Lebensqualität auswirken.

Die Scheidung der Eltern kann für das Kind im schlimmsten Falle eine grundlegende Entwurzelung im Leben darstellen. Zuvor noch geborgen im familiären Zusammenschluss kann eine Trennung der Eltern, vor allem dann, wenn sie dramatisch und emotional verstrickt verläuft, starke Narben in der Seele des Kindes hinterlassen.

Das Kind fühlt sich hilflos und weiß nicht, was um ihn herum passiert und warum die Umstände sich plötzlich gegen ihn verändern. Möglicherweise nimmt es die Schuld auf sich, für die unglückliche Trennung der Eltern verantwortlich zu sein. Das Kind erlebt auch hier einen Schock und wird aus der familiären Sicherheit herausgerissen, die in den Augen des Kindes gleichbedeutend mit der Sicherheit in der Welt ist. Wenn die Eltern zudem das Kind vernachlässigen, weil sie selbst voll im emotionalen Krawall verstrickt sind und sich ge-

genseitig Vorwürfe machen, wird das Kind noch mehr das Gefühl haben, keinen Anker mehr zu besitzen. Es wird sich dann immer mehr von der Erde entfremdet fühlen. So wie das Elternhaus kein geborgenes Zuhause darstellen konnte, wird dann auch die Umwelt niemals eine Heimat für das Kind sein können.

3. Körperliche Blockaden
Auch körperliche Blockaden im Körper können verantwortlich für eine mangelnde Erdungsfähigkeit sein. Die körperlichen Symptome können dabei sowohl physischer als auch energetischer Natur sein. Der Beckenbereich, das Steißbein bis zum Unterleib sind die Zentren der Erdung. Von diesen Regionen aus verbinden wir uns mit der Erde. Diese Bereiche des Körpers sind für unsere Lebensfreude und innere Stabilität zuständig.

Sehr empfindsame Menschen sind dabei öfter von Unerdung betroffen, als die eher rationalen, nüchternen Typen. Wenn wir empfindsam sind, dann mischen wir uns wesentlich intensiver mit Gefühlen, Menschen und Eindrücken. Die Vielfalt dieser Eindrücke kann uns in den Kopf holen. Wir fühlen uns dann schwammig, luftig und stehen nicht richtig mit beiden Füßen auf der Erde. Für Menschen, die empfindsam sind, ist Erdung deshalb noch wichtiger als für Menschen, die von Natur aus eher erdige Typen sind.

Kennen Sie das angenehme Kribbeln am Steiß-bein, wenn Sie sich so richtig geborgen und heimelig fühlen?

Wenn wir Blockaden in unserem Beckenbereich haben und mit unseren Beinen nicht in Kontakt sind, ist der natürliche Energiekreislauf des Organismus gestört. Wenn wir in unserer sexuellen Kraft gehemmt sind, dann fühlen wir uns machtlos und innerlich entwurzelt. Wenn unsere Beine krampfen und nicht richtig durchfließen, kann ein natürlicher Austausch zwischen uns und der Erde nur sehr schwer erfolgen. Nur ein funktionsfähiger und fließender Körper ist ein begünstigender Faktor für Erdung. Abhilfe für energetische Blockaden im Körper können die aktiven Formen des Yoga darstellen. Auch die progressive Muskelentspannung kann sich förderlich auf den Energiehaushalt im Körper auswirken. Über die Wichtigkeit des Körpers in Erdungsangelegenheiten und angebrachte Übungen erfahren sie im Kapitel „Wie erde ich mich?"

Symptomatik der Unerdung

Nachdem nun geklärt ist, was Erdung bedeutet und wir uns den Ursachen gewidmet haben, werden wir jetzt typische Symptome der Unerdung skizzieren. Diese werden anhand von einfachen Fallbeispielen aus dem Alltag erläutert.

Natürlich gibt es noch andere, vielfältige Ursachen für Unerdung als die im vorigen Kapitel erwähnten. Die Frage ist aber: Wie merke ich das ich ungeerdet bin? Kann es sich dabei nicht auch um eine Krankheit handeln? Leide ich womöglich an etwas anderem?

Den Unterschied festzumachen, ob es sich bei meinen Symptomen um eine innere Entwurzelung handelt, ist gar nicht so wichtig, schließlich ist Erdung für jeden Menschen jederzeit möglich. Selbst wenn Erdung nicht die Lösung all unserer Probleme ist, kann sie doch dazu beitragen, sich mutiger dem Fluss des Lebens zu stellen und hinter unsere Ängste zu schauen. Wir bekommen dann ein wahrhaftiges Bild, wie es ist, ohne Angst und ohne störende Gedanken die Leichtigkeit der eigenen Existenz zu genießen. Erdung ist kein Wundermittel, doch Erdung kann viel dazu beitragen, dass wir uns endlich in uns selbst zu Hause fühlen.

Symptom: „sich nicht zu Hause fühlen"

Georg hat zeit seines Lebens schon die Ange-
wohnheit ständig umzuziehen und den Wohnort
zu wechseln. Die Umzüge kommen dabei weniger
aus der Freude etwas Neues in der Fremde zu erle-
ben, als vielmehr aus Frust über das alte Lebensumfeld. Letzteres ging ihm nämlich auf die
Nerven und er hatte ständig etwas daran auszuset-
zen. Einmal war es das ungemütliche Stadtbild,
das andere mal die kontaktscheuen und spießigen
Menschen. Er schwärmte oft über weit entfernte
Orte, die für ihn Sinnbild von Heimatlichkeit waren. Als er jedoch dort angekommen war und seine Wohnung bezog, wurde ihm schnell klar, dass
auch dies nicht der Ort seiner Träume war.

Sowohl Georg als auch viele andere Menschen
auch haben oft das Gefühl in ihrem Selbst nicht zu
Hause zu sein. Sie sind entfremdet von ihren Emotionen und körperlichen Regungen und suchen
eine Heimat außerhalb ihres inneren Erlebens.
Wenn man sich allerdings in seiner Person nicht
verankert fühlt, wird man erhebliche Probleme
haben, eine Heimat zu finden. Wenn wir keine innerliche Heimat haben, versuchen wir diesen
Mangel zu kompensieren, in dem wir uns nach
besseren Umständen in der Außenwelt sehnen,
ständig den Wohnort wechseln müssen oder nach

einem noch schöneren Haus streben. Wir erkennen dabei nicht, dass es sich bei der ganzen Rastlosigkeit um einen inneren Mangel handelt. Letztendlich werden wir uns nirgends richtig einnisten können, weil wir uns einfach nicht geerdet fühlen. Unerdung macht auf zwanghafte Weise rastlos, wir suchen dann ständig nach Möglichkeiten der inneren Heimatlosigkeit zu entkommen, in dem wir hilflos nach einer Heimat in der Welt trachten, jedoch nie zu einem dauerhaften Erfolg kommen.

Symptom: „Einsamkeit"

Tina ist eine junge Frau und leidet an chronischer Einsamkeit. Sie kann ihre innere Einsamkeit oft nur lindern, wenn sie ausgeht oder Besuch von Freunden hat. Wenn sie jedoch allein Daheim ist, fällt ihr die Decke auf den Kopf. Sie fühlt sich isoliert von der Außenwelt und muss aus diesem Grunde stets alle Bekannten von sich anrufen und mit ihnen stundenlang plaudern. Sie glaubt etwas im Leben zu verpassen, wenn sie nur allein mit sich selbst ist und muss deshalb ständig vom unangenehmen Gefühl des Alleinseins weglaufen. Es fällt ihr schwer dieses Problem auf gesunde Weise zu konfrontieren, da sie sich sehr schnell abgewiesen und abgelehnt von der Welt und ihren Freunden fühlt, wenn sie mal ein paar Stunden keinen

Kontakt zu ihnen hat und nur auf sich selbst gestellt ist. Innere Isolation und ständige Einsamkeit kann auf eine mangelnde Erdung hindeuten. Wenn wir ungeerdet sind und von der Erde entwurzelt, dann ertragen wir das Alleinsein nicht, wir halten es mit unserer eigenen Person nicht aus. Wir können dann zwar viele Menschen um uns herum haben, müssen aber durch die Beziehungen die eigene Unzulänglichkeit kompensieren. Während wir uns stets von der Außenwelt isoliert fühlen, fehlt es uns an Grundvertrauen, den Lauf der Dinge zu akzeptieren ohne dabei aktiv beteiligt zu sein. Wir sind uns selbst nicht genug und verbringen oft Tage und Stunden damit, über unseren Zustand nachzudenken und gedankliche Lösungen zu finden. Die Welt wird uns ohne Ablenkung sehr kalt und unlebendig vorkommen. Wenn wir wirklich geerdet wären, dann würden wir all unsere Zustände akzeptieren und uns trotz Alleinseins geliebt und in der Welt willkommen fühlen.

Symptom: Depressionen

Marcell wird immer wieder von heftigen, depressiven Phasen gebeutelt. Wenn er morgens aufwacht, fehlt bei ihm jeglicher Funke an Lebenskraft. Sein Körper ist schwer, träge und die aufkeimende Lethargie lähmt jegliches Bedürfnis sich aktiv zu betätigen. Sein Körper scheint leblos zu sein und bietet ihm keinen rechten Halt. Um überhaupt noch das Gefühl zu haben am Leben zu sein, flüchtet sich Marcell in seine Grübeleien und verbringt oft ganze Tage in seiner Gedankenwelt.

Depressive Menschen sind von ihrer irdischen Verwurzelung abgeschnitten. Sie leiden an innerer Kälte, Motivationsschwierigkeiten und empfinden die Umwelt als nicht lebenswert. Von der Welt fühlen sich depressive Menschen oft nicht geliebt. Die Unerdung macht deprimiert und bedeckt uns mit dem unangenehmen Empfinden einer plumpen Sinn- und Energielosigkeit.

Symptom: Angst

Anna ist häufig von Angst- und Panikattacken getrieben. Die Attacken kommen vor allem morgens nach dem Aufwachen mit aller Wucht und überstülpen sie mit einem Schleier der Bodenlosigkeit. Wenn sie bemerkt, dass ihr Herz heftig zu klopfen anfängt, gleitet sie sofort in ihren Kopf und wird von finsteren Gedanken heimgesucht. Sie kann ihre Angst weder annehmen noch akzeptieren und begibt sich deshalb sofort in ihren Kopf, wo sie sich aber nach einer Zeit noch weniger aufgehoben fühlt.

Symptom: Misstrauen

Petra tut sich sehr schwer, Gäste in ihrem Haus zu empfangen. Sie ist sehr pedantisch und notiert auf pingelige Weise ihre materiellen Leihgaben, damit ja nichts abhanden kommt. Sie scheint ständig auf der Hut zu sein und ist durchsetzt von der Überzeugung, die Welt sei ein Ort der Ausbeutung und des Betruges. Sie spioniert zudem regelmäßig ihren Freund aus, bei dem sie den Verdacht hegt, er würde sie betrügen. Sie hascht ständig nach der Bestätigung für ihr negatives, nicht vertrauenswürdiges Weltbild. Die mangelnde Erdung macht Petra ein gesundes Urvertrauen unmöglich. Sie hat das natürliche Gefühl zum Lauf der Dinge verloren und versucht ihr Misstrauen mit einem starken Kontrolldrang zu kompensieren.

Gesunde Erdung steht gleichbedeutend für eine gesunde Fähigkeit den Menschen zu vertrauen. Wenn wir ungeerdet sind, dann ist die Welt ein kalter Planet voll von Misstrauen. Durch den mangelnden Kontakt mit der Kraft der Erde glauben wir ständig, dass uns etwas weggenommen werden könnte. Aus diesem Grund sind wir des herzlichen Teilens nicht fähig und geben von unseren inneren Qualitäten nur wenig in die Außenwelt ab.

Symptom: Grübelei und Trance

Mara ist in ihrem Freundeskreis dafür bekannt, stets den Kontakt zum gegenwärtigen Moment zu verlieren und innerlich abzuschweifen. Sie gerät dann in eine Traumwelt voller Gedanken und verliert jeglichen Kontakt zur Außenwelt. Sie ist dissoziativ und scheint nicht ganz auf dem Boden zu sein. Ihr wird oft Teilnahmelosigkeit und Desinteresse vorgeworfen.

Ständiges Abschweifen in Gedankenwelten und eine mangelnde Präsenz im Jetzt sind Symptome einer zu heftigen Ballung der Energien im Kopfbereich. Die Energie kann nicht durch den Körper und die Beine abfließen. Wir lösen Probleme ausschließlich mit dem Verstand, ohne zu erkennen, dass unser ganzer Körper von der Natur entwurzelt ist. Wir neigen dazu, uns von der Außenwelt abzuspalten und in einen dissoziativen und unachtsamen Zustand zu verfallen.

Symptom: Starrsinn

Urs ist erzkonservativ. Seinen erwachsenen Söhnen versucht er immer wieder in ihre Entscheidungen reinzureden, da er sein Wertesystem für das "einzig Wahre" hält. Er kann seinen Kindern keinen Freiraum gewähren, weil er Angst hat, dass sie auf die schiefe Bahn geraten und außerhalb von seinem Wertesystem agieren könnten. Bei Urs muss grundsätzlich alles seine Ordnung haben. Er kann seine beiden Söhne nicht loslassen und glaubt, dass sie nur durch seine Hilfe ein gutes Leben führen können. Unbekanntes oder neuartiges Gedankengut lehnt er vehement ab, er will von anderen Ansichten nichts hören und nistet sich in seinem dogmatischen Schlummer ein.

Wenn das Vertrauen zur Erde unterbunden ist, gelingt es uns nicht von Dingen und Lebensumständen loszulassen. Wir klammern dann an Mitmenschen und eigene Überzeugungen mit dem ständigen Gefühl, um eine Bedeutung in der Welt kämpfen zu müssen. Ohne das Anhaften an starren Meinungen würden wir uns nackt und verloren fühlen. Oft können Eltern von ihren Kindern nicht loslassen und glauben, dass die Zöglinge ohne ihre Hilfe verloren sind. Doch auch Heranwachsende haben Schwierigkeiten ihre Eltern loszulassen und glauben unbewusst, existenziell von ihnen abhängig zu sein.

Symptom: Sexuelle Störung

Sexuelle Hingabe hat maßgeblich mit Erdung zu tun. Wenn wir geerdet sind, können wir uns hingeben und haben keine Angst die Kontrolle oder die Selbstständigkeit zu verlieren. Wenn wir jedoch schon an latenter Entwurzelung leiden, müssen wir unsere ganze Kraft dafür aufbrauchen, Kontrolle und Grenzen zwischen uns und unseren Mitmenschen zu setzen. Auch Orgasmusunfähigkeit und ein gestörtes Lustempfinden können auf mangelnde Erdung hindeuten.

Wir sehen dass Unerdung vielfältige Symptome haben kann. Natürlich lässt sich nicht alles verallgemeinern und die klassifizierende Diagnose „Unerdung" auf alle Lebensumstände tackern. Schließlich ist Unerdung keine Krankheit, sondern ein Zustand. Der Weg zur Erdung ist oft harte Arbeit und stellt eine lohnenswerte Lebensaufgabe dar, die wir mit Entschlossenheit antreten sollten.

Wie erde ich mich?

Wie fühlt es sich an?

Wenn wir geerdet sind, dann ist die Welt nicht gegen uns, sondern für uns. Wir müssen dann nicht gegen die Welt arbeiten, um im Leben zu bestehen, sondern sich vielmehr dem Fluss des Lebens hingeben. Es ist ein herrliches Gefühl, sich in aller Gelassenheit hinzusetzen und mit einem grundlegenden Urvertrauen den Lauf der Dinge einfach zu beobachten, ohne das Bedürfnis zu haben, irgendetwas anders zu machen oder zu verändern. Erdung ist ein sehr spiritueller Zustand. Du bist sozusagen im Dao und in der Lage, deine Göttlichkeit zu erkennen. Du hast weniger Widerstände und kannst dich deshalb dem Kreislauf des Lebens widmen.

Blicke einmal in deine Vergangenheit zurück und schaue auf besonders verwurzelte Momente in deinem Leben. Was war anders?

Wie sich Unerdung anfühlen kann, hast du vielleicht bereits im letzten Kapitel festgestellt. Doch wie macht sich Erdung bemerkbar?

Geerdete Menschen haben zumeist ein integriertes und gesundes Ego. Sie wissen um ihre Fähigkeiten, lassen sich von der Erde tragen und verkörpern Integrität. Stets auf dem Wege zur Selbstverwirklichung können sie Liebe oft widerstandslos zulassen, ohne dabei ungesunde Abhängigkeiten und neurotische Bindungen einzugehen. Sie besitzen eine feine Intuition und können ihrem Bauchgefühl vertrauen. Sie akzeptieren Veränderungen, fühlen sich selbst im Auge des Wirbelsturms geborgen und tragen die wahre Heimat stets in ihren Herzen. Geerdete Menschen strahlen eine Aura des Vertrauens und der Wärme aus.

Tiefe Freude
Wenn wir geerdet sind, dann fällt es uns wesentlich leichter tiefe Freude im Leben zu empfinden. Wir schöpfen von der Kraft der Erde und geben die nicht mehr benötigte Energie wieder ab. Wir lernen es, loszulassen und besitzen ein rechtes Maß. Die Erregung der Freude kann sich durch den ganzen Körper ausbreiten, sie erwärmt den Beckenbereich und lässt uns entspannen. Dabei merken wir förmlich, dass sich Freude nicht nur in unseren Gedanken manifestiert, sondern vielmehr durch den ganzen Körper fließt. Das Empfinden abgetrennt von der Erde zu sein wird ersetzt durch eine tiefe, homogene Verbundenheit mit dem Ganzen.

Innere Stabilität

Durch die Erdung gleichen wir einem Baum, der seine Wurzeln tief in die Erde geschlagen hat und voller Anmut den schwierigen äußerlichen Umständen trotzt. Wir können emotionale Regungen wie Angst, Wut und Eifersucht akzeptieren und auflösen. Emotionale Überladung und Stress wird auf sanfte Weise abgebaut. Die innere Heimat ist unsere eigene Person. Egal in welchen Situationen und Orten wir uns befinden, wir werden niemals das Gefühl haben, existenziell in Not zu sein. Wir vertrauen dem Lauf der Dinge und können das Leben betrachten, ohne an der Vergangenheit kleben zu bleiben. Durch Erdung können wir uns hingeben. Auch die Entspannung und das tanken neuer Energie fällt uns im geerdeten Zustand leichter.

Urvertrauen

Die tiefe Verwurzelung mit der Erde bedeutet ein gleichzeitiges Vertrauen in unsere eigene Entwicklung. Wir bewerten unsere Person und die Lebensumstände nicht als negativ, sondern als selbstverständlich und natürlich. Die Dinge, die uns geschehen sind nicht gegen uns gerichtet, sondern wollen uns etwas zeigen. Wir haben das konstante Gefühl auf dem richtigen Weg zu sein. Unzweifelhaft haben wir immer die tiefe Überzeugung, dass die Welt nicht unser Feind ist, sondern für uns eine Stütze darstellt. Wir vertrauen den Mitmenschen und unseren eigenen Fähigkeiten.

Sicherheit

Wir haben wenig Angst, wenn wir geerdet sind. Die Sicherheit schlummert tief in unserer Person und muss nicht im Äußeren kompensiert werden. Egal, wo wir uns befinden, wir werden stets das Gefühl der Geborgenheit haben. Wenn wir nachts die Straßen entlang gehen, werden wir nicht durch eine ängstliche Wahrnehmung in Angst und Schrecken versetzt, sondern nehmen die eigene Sicherheit als etwas Selbstverständliches wahr. Wir können uns einer Aura des Schutzes hingeben. Obwohl wir innerlich durchlässig sind, strahlen wir doch natürliche Grenzen aus, die uns vor emotionalen Übergriffen schützen. Gedanklich kommt uns gar nicht erst in den Sinn, überfallen zu werden, da wir in der Schönheit der Welt aufgehen und jeden Moment mit Freude genießen.

Sich geliebt fühlen

Das Gefühl von den Mitmenschen geliebt zu werden und die Erdung hängen unmittelbar zusammen. Wenn wir tief verankert mit der Erde sind, dann fühlen wir uns niemals von der Außenwelt abgelehnt. Wir fühlen uns geliebt und willkommen als ein Teil der Menschen. Von Entfremdung keine Spur, ist unser offenes Herz mit der Welt verbunden. Wir empfinden uns nicht als getrenntes und isoliertes Subjekt, sondern akzeptieren unsere Existenz als integrierten Teil dieser Welt. Schuldgefühle und das ständige Zweifeln darüber, irgendetwas falsch gemacht zu haben verpuffen und wir sind in der Lage, mehr Liebe und Verbundenheit nach Außen zu tragen.

existenzielle Bedürfnisse

Die innere Intuition Nahrung aufzunehmen, sein Geschäft zu vollziehen oder bei Gefahrensituationen kristallklar zu reagieren ist eine Sache der Erdung. Wenn wir geerdet sind, dann haben wir ein automatisches Maß, wie viel wir essen müssen und was wir zum Leben benötigen. Je verwurzelter wir im Austausch zu der Erde stehen, desto besser funktionieren unsere instinktiven Fähigkeiten, die wir zum existenziellen Überleben benötigen.

Körperempfinden

Um richtig geerdet zu sein, ist ein bewusstes und achtsames Körperempfinden von großer Bedeutung. Der Körper ist ein Energieträger. Die Erdung erfolgt durch den Körper, da dieser das Bindeglied zwischen der Welt uns unserem Empfinden ist. Wie nehme ich Kontakt zu meinem Körper auf?

Wie befreie ich ihn von Energieblockaden und hinderlichen Schmerzen?

Viele Menschen sind nicht mehr in der Lage mit ihrem Körper in Verbindung zu treten und diesen bewusst wahrzunehmen. Was heißt das genau? Wir haben die Neigung uns von unserem Körper abzuspalten und größte Teile unseres Lebens in einem Dualismus zu verbringen. Wir funktionieren nur mehr ins unserem Kopf, so dass die ganzheitliche Empfindung, uns als Gesamtorganismus zu empfinden in weite Ferne gerückt ist.

Erdung erfolgt aber nicht nur theoretisch, sondern geht durch den ganzen Körper hindurch. Wir sollten daher den Körper wieder in das Blickfeld unserer Aufmerksamkeit befördern!

Fühlen wir noch die Zehenspitzen, den Beckenbereich und die Beine während wir uns auf einem Spaziergang befinden? Wir verlieren uns in unseren Gedanken, scheinen abgesplittert nur noch als Kopf durch die Welt zu wandeln. Diese ungesunde Entfremdung vom eigenen Körper hat seine Folgen: Schmerzen und Spannungen entstehen und werden nicht mehr als etwas von uns „verursachtes" empfunden! Wir haben so sehr den Kontakt zu unserem Gesamtorganismus verloren, dass sich die Schmerzen selbstständig und unabhängig von uns machen. Dann sind da Kopfschmerzen und

Rückenschmerzen, die mich ärgern, mit denen ich aber nichts zu tun habe.

Wenn wir unseren Körper nicht als zu uns gehörend empfinden, ihm keine Achtsamkeit mehr schenken, ihn nicht bewusst wahrnehmen, arten Schmerzen aus und bedrohen uns zunehmend als etwas äußerlich Empfundenes. Diese Schmerzen lassen uns verkrampfen und es bilden sich Blockaden, in denen die Energie nicht mehr frei fließen kann. Der Energieaustausch zwischen Organismus und Erde wird behindert.

Wie kommen wir wieder in einen bewussten Kontakt zu unserem Körper?
In dem wir uns so oft wie möglich unseres Körperempfindens bewusst werden. Wenn wir sitzen, so müssen wir uns als Gesamtorganismus wahrnehmen, wir dürfen nicht nur durch unseren Kopf denkend 'empfinden', sondern müssen möglichst alle Partikel unseres Körpers wahrnehmen.

Wenn wir gehen, so soll nicht nur unser Kopf gehen, sondern unser Kopf und unser Körper, wir sollen unsere Füße spüren, unser Becken. Je mehr wir lernen unseren Körper als Ganzes zu empfinden, desto mehr lösen sich Spannungen und psychosomatische Schmerzen. Der Körper wird wieder unser Freund und nicht mehr der Erzfeind, der uns immer ärgert. Wenn unser Körper wieder bewusst gefühlt werden kann, dann werden wir automatisch ein Stück geerdeter sein.

Was empfindest du gerade? Besinne dich auf deinen Körper, auf deine Füße und auf dein Becken beim Lesen dieser Zeilen, sei mit deinem ganzen Organismus dabei, lese nicht nur mit dem Kopf, denn du bist Körper und Geist, nicht voneinander zu trennen, wie es dir dein Verstand manchmal weismachen möchte!

Bei der weiteren spirituellen Entwicklung braucht man seinen Körper nicht absterben lassen, um dann letztendlich zum spirituellen Selbst zu gelangen. Erst ein integrierter, richtig empfundener Körper kann auch losgelassen werden. Erst ein geerdeter Mensch kann in seinem Leben weitergehen.

Der Atem ist das Bindeglied zwischen deinem Geist und deinem Körper: Deine Atmung sollte stets den ganzen Körper berücksichtigen und nicht nur ein flaches Hecheln darstellen. Atem ist Lebensenergie, du solltest daher versuchen, deinen ganzen Körper mit der Energie der Atmung zu versorgen. So bleibt dein Körper weich, biegsam und wird für die feinstoffliche Energie durchlässig, die du für deine Erdung benötigst.

Um die Erdung zu unterstützen, solltest du unbedingt einer körperlichen Betätigung nachgehen. Übst du beispielsweise Hatha Yoga bewusst, so kommst du direkt mit deinem Körper, seinen körperlichen und subtilen Regungen in Kontakt. Wenn du Yoga praktizierst, dann merkst du wo deine Energieblockaden sitzen und kannst diese einfach auflösen. Auch bei einer guten Massage macht sich das schon bemerkbar. Entspannung kommt immer durch unseren Körper. Doch muss sich gesundes Körperempfinden nicht nur auf einige Übungen beschränken. Sie muss sich durch unser ganzes Leben ziehen. Wir sollten also stets unseren Körper achtsam wahrnehmen, um den Kontakt mit ihm wiederherzustellen. Wenn wir die Verbindung hergestellt haben, wird uns vieles leichter fallen und wir werden verstehen, dass nicht der Körper uns wehtut, sondern wir Verantwortung für unseren Körper tragen und uns selbst wehtun. Wir neigen dazu unseren Schmerz ins Unterbewusste zu verbannen, weil wir uns davon mehr Schmerzfreiheit erhoffen. Doch was wir erhalten ist verdrängter Schmerz, der nicht mehr als von uns verursacht empfunden wird und deshalb in noch fürchterlicher Form zurückkehrt. Durch Hatha Yoga kannst du deine Energieblockaden und Schmerzen auflösen. Dadurch kann die Energie in deinem Organismus wieder frei fließen. Die Erdung wird dabei ungemein unterstützt. Du wirst dich vitaler und frischer in dir selbst fühlen.

Meditationen und Übungen zur Erdung

Körperorientierte Meditation

Natürlich lassen sich Blockaden auch durch gezielte Meditationen auflösen. Bei der körperorientierten Meditation versucht man mit den Bereichen des Körpers wieder in Kontakt zu kommen, die man durch die innere Unachtsamkeit und Kopflastigkeit bereits vergessen hat. Der Körper wird gezielt untersucht, vom Zeh bis zum Kopf fühlen wir dabei all unsere Körperpartien. Wir lenken unseren Atem darauf und untersuchen empfundene Beengungen und Spannungen. Wir gelangen dadurch zu einem ganzheitlichen Körperempfinden, man wird seinen Körper nicht mehr als etwas von sich getrenntes empfinden, sondern lernt dabei auf achtsame Art und Weise, seinen Körper mit seinem Geist zu synchronisieren.

Bestimmte, besonders unangenehm empfundene oder schmerzhafte Stellen des Körpers werden achtsam untersucht. Dabei versucht man unmittelbar in den Schmerz hineinzufühlen und ihn mit seinen ganzen Facetten wahrzunehmen. Es kann dabei passieren, dass der Schmerz sogar noch stärker wird. Letztendlich wird man ihn aber durch das bewusste Wahrnehmen integrieren und lindern können. Warum ist das so? Verdrängter, nicht bewusst wahrgenommener und abgespaltener Schmerz wird auf längere Sicht als unangenehmer und zäher empfunden werden, als ein integrierter und bewusst wahrgenommener.

Beckenbodentraining

Wie bereits mehrfach erwähnt, ist das Becken der zentrale Drehpunkt der Erdungsenergie. Das Steißbein ist das Verbindungskreuz zwischen dir und der Energie der Erde.

Übe dich im Beckentraining auch auf physischer Ebene! Spanne dafür deinen Beckenboden an, halte den Druck einige Sekunden lang und entspanne die Muskulatur dann wieder.

Wenn du diese Übungen einige Zeit praktizierst, dann wird sich dein Becken lockern. Es wird geschmeidiger, zarter und flüssiger werden. Du wirst es im Alltag spüren und es wird dir immer das Gefühl geben, mit der Erde verbunden zu sein.

Aufmerksamkeit auf den Körper

Du solltest ständig und zu jeder Zeit die Aufmerksamkeit auf deinen Körper richten. Vergesse deinen Körper nicht. Die Achtsamkeit auf den Körper erdet dich.

Wenn du an deiner Tastatur sitzt und tippst, dann spüre deine Finger dabei. Wenn du diese Zeilen liest, dann empfinde deine Augen. Je besser deine Verbindung zum Körper wird, desto flüssiger wird der Energieaustausch zwischen dir und der Erde..

Visualisierung

Visualisiere beim Einatmen, dass die Energie aus der Erde über deine Beine bis zu deinem Steißbein gelangt. Versuche die Energie deutlich zu spüren. Während du ausatmest, leitest du die Energie aus dem Becken wieder über die Beine zum Boden. Du visualisiert dabei, dass sich Wurzeln aus deinen Füßen bilden und diese sich tief in der Erde verankern.

Meditation im Becken, nicht im Kopf

Durch Meditation können wir uns vorzüglich erden. Wenn wir jedoch zu stark im Kopf meditieren, dann kann es passieren, dass wir uns nach der Übung noch ungeerdeter und schwammiger fühlen als sonst. Versuche deshalb bei der Achtsamkeitsmeditation in dein Becken hineinzuatmen. Wir wiederholen die Übung immer wieder und werden nach einiger Zeit einen Druck an unserem Steißbein und im Bereich rund um das Becken spüren. Der Erdungsprozess beginnt, gibt uns eine innere Sicherheit und stellt das Urvertrauen in den Fluss des Lebens wieder her. Wir werden uns nach einer Zeit des Übens wieder in uns zu Hause fühlen.

Energie aus dem Kopf ziehen

Oft bleibt die ganze Energie durch das viele Denken in deinem Kopf stecken. Es entsteht ein Energiestau in den höheren Energiezonen, der uns schwindlig, verwirrt und unglücklich macht. Versuche bevorzugt die Energie aus deinem Kopf nach unten zu leiten. Führe alles Überschüssige nach unten und habe das Gefühl, alles richtig sacken zu lassen. Wiederhole diese Übung immer, wenn du das Gefühl hast, zu stark in Gedankenwelten involviert zu sein.

Bewusste Spaziergänge

Während wir spazieren gehen, sollten wir uns des körperlichen Empfindens bewusst sein. Versuche deine Beine, deine Gelenke und deine Muskeln beim Gehen zu spüren. Schweife dabei nicht in deine Gedankenwelten ab, da das ständige Grübeln dich ungeerdet macht. Sei achtsam und bewege dich als ganzer Organismus. Achte auch auf dein Becken und versuche dir vorzustellen, dass deine Füße mit dem Boden verwurzelt sind. Der Spaziergang wird eine neue, entspannende Qualität haben und du wirst dich voller Kraft fühlen.

Wenn du jedoch zu stark in deinem Kopf herumschwirrst, wirst du ungeerdet und fühlst dich nach dem Spaziergang ausgelaugt und kraftlos.

Selbstakzeptanz / Selbstliebe

Sich selbst schön zu finden, sich selbst zu lieben und zu akzeptieren sind elementare Stützpfeiler der Erdung. Wenn wir mit uns selbst zufrieden sind und innerlich ruhen, dann werden wir uns mit dem Erdboden verbinden. Als zufriedener Menschen fühlen wir uns als Teil des natürlichen Lebenskreislaufs.

Übe deshalb stets die Eigenliebe! Verzeihe dir selbst deine Schwächen und finde dich innerlich schön. Liebe dich selbst, vergebe dir und du wirst dich frei und zufrieden fühlen.

Es gibt keinen erdigeren Zustand als die völlige Ausgeglichenheit und Zufriedenheit mit der eigenen Person. Der Frieden in dir Selbst ist gleichbedeutend mit dem Frieden zur ganzen Erde.

Tanzen

Ein wilder Tanz kann die Erdung ungemein fördern. Durch das Tanzen befreien wir unsere verstaubten Energien, lösen Blockaden und treten mit unserer sinnlichen Ebene in Kontakt. Wir spüren beim Tanz unseren ganzen Körper.

Tanze einfach drauf los! Gehe in einen Raum, wo du viel Platz hast und versuche wild zu tanzen. Achte nicht darauf, ob es albern aussieht. Fühle dabei deinen ganzen Körper und tanze bis du völlig außer Atem bist. Lege dich anschließend aufs Bett und genieße deine Entspannung. Du wirst merken wie dein ganzer Körper durch die aufkommende Wärme zirkuliert und dich erdet.

Gutes Essen

Genieße einmal einen richtig leckeren Schmaus! Da Nahrung eine Grundlage des Lebens ist, kann sie dich auch mit der Erde verwurzeln. Koche dir etwas Leckeres zu essen oder gehe aus! Versuche das Essen mit allen Sinnen zu genießen. Bei einer achtsamen und bewussten Nahrungsaufnahme wird du dich prima erden können.

Manchmal überkommt uns der Heißhunger auf bestimmte Lebensmittel wie z.b Käse oder Fisch. Wir versuchen uns dann intuitiv mit dem Genuss dieser Lebensmittel zu erden. Es gibt nämlich Nahrungsmittel, die besonders irdisch sind und uns Kraft geben. Wir sollten uns dann nicht dagegen wehren, sondern ruhig zulangen. Der Körper und die Intuition liegen schon richtig und der Genuss bestimmter Lebensmittel kann dich wieder ins Gleichgewicht bringen.

Sinnlichkeit

Jegliche Form der sinnlichen Betätigung unterstützt den Prozess der Erdung. Wenn du etwas tastest, kommst du sofort in Kontakt mit deiner leiblichen Existenz. Berühre dich auch ruhig selbst. Fass dir an die Füße oder an deinen Bauch. Du wirst merken, dass es förderlich für deinen Energiehaushalt ist. Durch den Kontakt zu deinem Körper erdest du dich auf sinnliche Art und Weise.

Berührung

Wenn du einen Menschen berührst, dann wirst du automatisch geerdet. Suche dir einen dir lieben Menschen und umarme ihn mit deiner ganzen Liebe. Im Prozess der innigen Umarmung wirst du wieder mit deinem Körper und deiner Liebe in Kontakt treten. Du kannst natürlich auch die Hände deines Partners halten. Versuche mit deinen Händen genauso Energie und Wärme abzugeben, wie zu empfangen.

Trommelmusik

Trommelrhythmen gehen direkt in den Bereich unseres Beckens und lassen uns erden. Trommel selbst oder höre dir afrikanische Trommelmusik an. Diese Art von Musik lässt die Energie aus dem Kopfbereich nach unten sacken. Du wirst ein

Kribbeln in deinem Becken merken und dich durch die Energie der Töne erden.

Naturerfahrung
Alles was mit der Natur zu tun hat, erdet. Während der ständige Großstadtlärm und der Abgasgestank uns eher entwurzeln, bringt uns die Natur wieder in den natürlichen Zustand zurück. Wenn wir an einem See sind, dann erden wir uns automatisch. Gehe in den nahgelegenen Park oder in den Wald spazieren. Setze dich in die Nähe eines Baumes. Du wirst dich anschließend wieder als Teil des Naturkreislaufs fühlen.

Rückblick

Wir haben die elementare Wichtigkeit von Erdung erkannt. Du hast in diesem Buch erfahren, was Erdung ist und wie sich Unerdung bemerkbar macht. Du weißt nun außerdem um die Möglichkeiten der Erdung und welche Techniken und Maßnahmen eine Verwurzelung unterstützen. Die Verbindung zur physisch-materiellen Welt ist wie die Rückkehr zu unserem wahren Selbst. Erdung ist etwas, was nicht einmalig ausgeführt werden kann, sondern stets und immer wieder in uns präsent sein muss.

Die Hauptzentren der Erdung sind die Bereiche rund um das Becken. Du musst daher versuchen stets mit diesen Regionen in Kontakt zu bleiben. Atme ruhig in dein Becken und du wirst anfangen, dich mit dem Erdboden und deiner Umwelt zu verwurzeln. Du wirst wie ein Berg sein, der unabhängig von äußerlichen Zuständen immer seinen Platz haben wird. Wenn du geerdet bist, dann wird dein Leben eine neue Qualität entfalten. Du wirst dich viel besser entspannen können und der aufkeimende Stress wird dir nichts mehr ausmachen. Versuche immer eine zu starke Zentrierung der Energien im Kopfbereich zu vermeiden. Wann immer du das Gefühl hast, den Kontakt zu dir selbst und der Erde zu verlieren und stattdessen und nur noch in den Gedanken zu schwirren, besinne dich wieder auf deinen Körper und dein Becken.

Ich wünsche dir auf jeden Fall viel Erfolg bei deiner Erdung!